Heribert Rickert als Unterprimaner

Über
Leben

Dem lieben Elternpaar
Andrea + Ferd.
alles Gute
von Reinald
28. 10. 05

Reinald Rickert OSB

© Reinald Rickert OSB

Konzeption und Produktion:
A34 Büro für Kommunikation
und Realisation
Helmut Gebhardt, München

Druck und Bindung:
Vier-Türme GmbH
Benedict Press
Münsterschwarzach Abtei
Printed in Germany 2005

ISBN 3-00-017133-9

Über
Leben

Dem lieben Elternpaar
Andrea + Ferd.
alles Gute
vom Reinald
28. 10. 05

Reinald Rickert OSB

© Reinald Rickert OSB

Konzeption und Produktion:
A34 Büro für Kommunikation
und Realisation
Helmut Gebhardt, München

Druck und Bindung:
Vier-Türme GmbH
Benedict Press
Münsterschwarzach Abtei
Printed in Germany 2005

ISBN 3-00-017133-9

7 **Vorwort**

11 Über**leben**

25 Ent**täuschung**

45 Er**lösung**

57 **Vita**

58 **Veröffentlichungen**

7.10.1938

**»Sei, was du willst; doch was du bist,
habe den Mut, ganz zu sein.«**

Heute, 6.00 Uhr abends, begannen die Exerzitien. Der Meister gefällt mir nicht; ist mir zu weich. Er sagte zu uns: »Meine lieben, lieben Freunde.« Er wirkte komisch, wenigsten auf mich. Ich habe mir aber trotzdem vorgenommen, anständige Exerzitien zu halten, im Gegensatz zu den beiden letzten Malen. War vor Beginn der Exerzitien bei Kaplan Brauns. Er hat mir einiges zum Überlegen mitgegeben. Wir sprachen auch von Franz. Vielleicht wäre es ein Freund für mich.

8.10.1938

**»Erst wenn wir wissen,
wie wir den Alltag meistern,
wissen wir wirklich,
was an uns ist.«**

Wir mußten heute eine Bereitschaftserklärung abgeben. Sie sollte, auf einem weißen Zettel geschrieben, in der Messe dem Priester auf die Patene gelegt werden. In der Erklärung wurde gesagt, daß wir uns bereit erklärten, die Exerzitien mitzumachen. Wer nicht wollte, sollte einen unbeschriebenen Zettel abgeben. Auch heute waren die Vorträge langweilig. Aber das stört mich nicht weiter. Mein Ziel ist, in diesen drei Tagen zu überlegen, wie ich ein feiner, katholischer, bündischer und deutscher Kerl werde. In der Freizeit sitze ich auf meinem Zimmer, das ich mit zwei anderen teile, und schreibe in meinem Tagebuch oder lese in der »Majorin« von Wiechert. Vielleicht stehe ich auch auf dem Balkon, der zum Rhein heraus gebaut ist, und denke über manches nach, über mein Fähnlein oder über Franz, den ich fragen will, ob er mein Freund werden will.

Es ist ein Stück deutscher Geschichte im Kleinen.
Und es ist ein biographischer Schatz, der einige Jahr-
zehnte im elterlichen Schreibtisch ruhte, bis ich
ihn entdeckte:

Es sind die Tagebuchnotizen meines Vaters
Heribert Rickert als Schüler und Soldat sowie sein
Briefwechsel als Kriegsgefangener. Der erste Ein-
trag stammt vom Herbst 1938 und wird links
wiedergegeben.

Zwei Jahre zuvor zogen meine Großeltern, der
Bildhauer Franz Rickert und seine Frau Katharina mit
ihren vier Kindern Heribert, Hedwig, Heinrich und
Franz-Josef von Münstereifel ins Rheintal nach Bad
Godesberg und gründeten dort einen kleinen Natur-
steinbetrieb. Heribert, am 25. Januar 1921 geboren,
besuchte das von Jesuiten geführte humanistische
Gymnasium »Aloisiuskolleg« und begeisterte sich
aus seiner vaterländisch-katholischen Prägung
heraus für die sogenannte »Bündische Jugend«, spe-
ziell den »Bund Neudeutschland«. Seit der Macht-
ergreifung der Nationalsozialisten Ende Januar 1933
waren die »Bünde« verboten. Trotzdem engagierte
mein Vater sich mit einigen Gleichsinnten weiter
in der kirchlichen Jugendarbeit und wurde dafür
von der damaligen »Geheimen Staatspolizei« im
Sommer 1940 festgenommen. Er verbrachte einige
Wochen als Häftling im Gefängnis des Eifelstädt-
chens Wittlich. Von dort aus meldete er sich freiwillig zur »Wehrmacht«, wurde Fallschirmjäger, kämpf-
te unter General Paulus in Nordafrika und geriet

**»Männer müssen den Mut haben,
besser zu werden.«** *Mussolini*

Heute war der zweite Exerzitientag. Am Morgen wurden wir auf die Beichte vorbereitet; am Nachmittag sollten wir alle beichten gehen. Ich habe den Herrn Jesus Christ um Stärke gebeten, daß ich alles sagen könnte, den ganzen Wust, wovon ich bisher nicht losgekommen bin. Dann habe ich es mir schließlich doch anders überlegt. Beichten heißt nicht nur, von den Sünden losgesprochen zu werden, sondern seine Schuld zu bekennen, und zwar nicht vor jedem beliebigen Priester; denn dann ist es ja nur ein Losgesprochenwerden. Sondern ich werde zu meinem Kaplan gehen, damit er nicht zu gut von mir denkt. Im übrigen war der Tag nicht besonders. Wie schlapp wir doch oft sein können. Und jetzt werde ich mich auf den Balkon hinaus setzen, im Dunkeln, und die Lichter der Autos fern unten auf der Straße vorbeihuschen sehen.

Tagebuchnotizen

am 6. November 1942 bei El-Alamein in Ägypten in britische Kriegsgefangenschaft.

Nun begann eine viereinhalbjährige Odyssee rund um den Erdball per Schiff und Eisenbahn durch mehr als ein Dutzend Kriegsgefangenenlager, die aber nicht alle im Folgenden aufgeführt werden können: Die Karte auf Seite 30/31 dient der Orientierung. Die letzte Tagebucheintragung ist am 1. Februar 1947 notiert im »Transitcamp 4« in Leicester in England. Von dort durfte er nach Hause reisen.

In dieser Zeitspanne von achteinhalb Jahren vollzog Heribert Rickert einen persönlichen Reifungsprozeß: Aus dem jugendlichen Abenteurer wurde ein nachdenklicher Erwachsener.

Meine Großeltern hatten Glück: Bad Godesberg wurde nicht durch Bomben zerstört. Mein Vater hatte Glück: Er überstand den Krieg einigermaßen gesund. Sie alle überlebten. Mehr oder weniger gut.

Das soll das Thema des vorliegenden Büchleins sein, aber nicht nur in familiengeschichtlicher Hinsicht. Denn dies ist auch die Herausforderung an uns heute. Deswegen werden den Texten meines Vaters und Großvaters aktuelle Eindrücke und Einsichten meinerseits gegenübergestellt. Denn wir müssen ebenfalls überleben in den Irrungen und Verwirrungen unserer Tage. Mehr oder weniger gut.

Hilchenbach, im Advent 2004
Reinald Rickert OSB

4.8.1942 Afrika,

Ihr werdet ja so etwas ähnliches erwartet haben. Bin jetzt fünf Tage hier. Wie man nur in so einem Lande Krieg führen kann. Die Hitze ist nicht so unverschämt hoch, 40° bis 50° C. Aber man hat nirgendwo Schatten. Hier in unseren Löchern geht es noch einigermaßen. Ich habe mir ein Sonnendach aus Zeltbahnen gebaut. Es hält die Strahlen etwas ab. Bisher liegen wir noch in Bereitschaft. Aber es kann jede Stunde nach vorne gehen. Die größte Not ist der Durst. Was würde man hier für das Bier geben, das man in Deutschland so verachtet. Aber auch das geht vorüber. Wenn wir am »Kap der guten Hoffnung« sind, wird es wohl Urlaub geben. Bis dahin kann ich nur wenig schreiben; es ist so schlechte Möglichkeit hier. Viele Grüße.
Euer Heribert.

17.8.1942 Ihr Lieben!

Heute ein paar kurze Zeilen. Alles in Ordnung. Der »Tommi« läßt jetzt ein wenig Ruhe. Diese Nacht kommt wahrscheinlich Ablösung. Dann haben wir für ein paar Tage Ruhe. Mein Bart wird immer länger. Aber ich habe kein Wasser, um mich zu rasieren. Das Wasser wird über 120 km weit weggeholt. Das Trinken ist auch dementsprechend knapp. Am Anfang bekamen wir nicht einmal einen Liter pro Tag. Na, für diesmal alles Gute, Heribert.

Jedes Jahr in den Monaten Juli und August können wir im Güllekanal unseres Kuhstalls ein ekelerregendes Schauspiel verfolgen: Zu Tausenden und Abertausenden entwickeln sich die Eier der Schlammfliege (*Eristalomyia tenax* L.) zu grauen, unappetitlich-faltigen Maden, lediglich mit gelbem Schleim angefüllt. In einem unübersehbaren Gewimmel vegetieren sie in ihrem sauerstofflosen Lebensraum dahin. Ihre einzige Tätigkeit besteht darin, ihr rattenschwanzartiges Hinterende aus dem flüssigen Mist zu strecken, um damit Frischluft zu schöpfen. Kräftige Exemplare schaffen den Weg nach draußen, aber auch nur, um in irgendeiner Pfütze oder im Futtertrog zu verenden...

6.9.1942 Liebe Mutter!

Heute einen Gruß. Es ist noch früh am Tage. Eben wurden innerhalb einer viertel Stunde acht englische Bomber von unseren Jägern abgeschossen. Ein sichtbarer Erfolg. Die englische »Ari«, die uns immer beschossen hatte, wurde vor ein paar Tagen von Stuka-Verbänden erledigt. Wir hatten da ein wenig Ruhe. Gestern hat er anscheinend neue Geschütze bekommen und hat uns gleich zur Begrüßung einen netten Hagel hierhin gesetzt. Mein Rock ist total zerfetzt. Habe eine Sauwut. Habe vorgestern eine neue Feldflasche bekommen. Heute ist sie schon wieder hinüber. Ein Ari-Splitter. Gesundheitlich ging es mir auch ein paar Tage schlecht. Die Gedärme machten nicht mehr mit. Der Kaffee war uns sauer geworden. Und trotzdem getrunken. Seitdem nimmt der Magen nichts mehr an.

Aber das sind ganz allgemeine Sachen. Wer hat hier noch nicht die Ruhr gehabt? Anbei schicke ich Dir wieder eine Paketmarke. Du wirst schon wissen, was Du mir schickst. Nur kein Fleisch. Gelee oder eingemachtes Obst. Oder dauerhaftes Gebäck. Die Pakete gehen nämlich unverschämt lange. Die Briefe laufen immerhin eine Woche. Hedis Brief vom 26.sten bekam ich vorgestern. Vielen Dank. Sonst ist es eben so, wie es einem Afrikaner eben sein kann. Bin jetzt schon fünf Wochen hier. Und nun alles Gute. Viele Grüße auch an die Kölner und die Bekannten in Godesberg.
Heribert.

12.09.1942 Liebe Mutter!

Bekam vorgestern Dein Päckchen mit den Bonbons und der Schokolade. Es hat sehr gut geschmeckt. Wie dankbar ist man doch für alles, was einen anderen Geschmack hat als

Die Propheten des Alten Testaments ernüchtern und provozieren uns, indem sie den Menschen mit einem solchen Wurm gleichstellen.

»Ich aber bin ein Wurm

und kein Mensch,

der Leute Spott,

vom Volk verachtet«

behauptet der Beter von Psalm 22. Hinter dieser Einsicht steht zumindest die Erfahrung, nur ein Mensch unter Milliarden von Menschen zu sein, austauschbar und leicht zu ersetzten. Diese unvorstellbar große Anzahl verbindet zunächst alle nur eins: Der Kampf ums Überleben. Mein Vater tat dieses beispielsweise als Obergefreiter der Wehrmacht unter der Nummer 62857/339A und hinterher als britischer Kriegsgefangener Nummer 053445 beziehungsweise B335597(L). Er steht stellvertretend für die unzählbar vielen Frauen und Männer, die kommentarlos und ungefragt auf den kleinen und großen Kriegsschauplätzen unserer Weltgeschichte wie ein Wurm zertreten werden.

Und obwohl er den Zweiten Weltkrieg heil überstanden hatte, ging sein Überlebenskampf weiter.

»Corned Beef« und Weißbrot. Naschereien sind sehr begehrt. Mir geht es augenblicklich nicht ganz gut. Durchfall. Eine landesübliche Krankheit. Aber man kann nichts dagegen machen. Muß warten, bis es wieder vorüber geht. Sonst alles in Ordnung. Mit dem »Tommi« stimmt etwas nicht. Ist seit Tagen sehr ruhig geworden. Und nun alles Gute.
Heribert.

29.9.1942 Liebe Mutti!
Hast lange nichts mehr von mir gehört. Habe einige Zeit im Lazarett gelegen mit Angina. Dumme Sache. Hat sich aber wieder ziemlich behoben. Denke, daß ich in einiger Zeit wieder beim Haufen bin. Vor allen Dingen ist das Leben hier ein wenig gepflegter. Es ist Wasser da zum Waschen. Daß es so was noch gibt. Das Meer ist nahe und kühlt die ganze Temperatur etwas ab. Und nun alles Gute. Viele Grüße.
Heri.

8.12.1942 Liebe Mutter!

Chief P.O.W.
Postal Centre,
M. E. Forces,
Camp 310

Nun hat es doch einige Tage länger gedauert mit dem Brief. Doch wir haben ja soviel Zeit. Du kannst Dich ruhig über mein Schicksal beruhigen. Die Behandlung ist ritterlich. So wie sich das unter Soldaten gehört. Was soll ich über meine Gefangennahme schreiben? Eines Morgens kamen englische Panzer. Und dann sind wir die ganzen Etappen durchlaufen bis in dieses Lager. Ob wir hier nun bleiben, weiß ich nicht. Spielt ja an sich auch gar keine Rolle. Es kann in ein paar Tagen schon weiter gehen, kann aber auch noch einige Zeit dauern. Nur, wenn Ihr mir etwas schicken wollt, müßt Ihr Euch erkundigen, ob die Post nachge-

Überleben geschieht immer auf Kosten anderer:
Mit dem Moment, wo ich mich in meiner Existenz
entfalte und behaupte, nehme ich einem anderen
Lebensmöglichkeiten weg, mehr oder weniger.
Der Mensch – im Gegensatz zum Wurm – lebt folg-
lich in einer Situation von Schuld, aus deren Ver-
strickung er allein nicht herauskommt. Diesen Tat-
bestand beschreibt der Apostel Paulus in seinem
Römerbrief so:

»Auch die Schöpfung soll

von der Sklaverei und Verlorenheit

befreit werden

zur Freiheit und Herrlichkeit

der Kinder Gottes.

Denn wir wissen,

daß die gesamte Schöpfung

bis zum heutigen Tag seufzt

und in Geburtswehen liegt.«

schickt wird. Am Besten zahlt Ihr beim Roten Kreuz den Betrag. Die wissen dort am Besten, was uns fehlt. Nur Bücher müßtet Ihr
mir schicken. Ich habe ja soviel Zeit. Vielleicht
befragst Du Dich bei Herrn Dr. Nathrath mal
deswegen. Er weiß sicher sehr gut, was ich
gebrauchen kann. Grüßt ihn auch bitte recht
herzlich von mir. Und nun alles Gute und
etwas Geduld. Es will alles seine Zeit haben.
Heri.

25.12.1942

Chief P.O.W.
Postal Centre,
Middle East
Camp 306

Ihr Lieben!
Am ersten Weihnachtstag meine schönsten
Grüße. Die Stimmung am Heiligen Abend
war schön. Ich habe viel an Euch gedacht. Und
an ein schöneres und besseres Friedensfest.
Das neue Jahr wird es vielleicht bringen. Alles
Gute und viel Segen für 1943!
Euer Heribert.

Bad Godesberg,
den 15.1.1943
Plittersdorfer Straße 58

Mein lieber Junge!
Heute haben wir Deinen zweiten Brief bekommen. Deinen ersten, welcher nicht datiert
war, und in welchem Du eine etwas andere
Anschrift angegeben hast, habe ich bereits
am 10. des Monats beantwortet.
　　Über Deine Gefangennahme haben wir
uns ganz beruhigt. Auch Mutter. Nur als wir
Deine Vermißtenmeldung bekamen, haben
wir sehr um Dich gebangt. Jetzt, wo Mutter
weiß, daß Du noch unter den Lebenden
bist und auch anscheinend noch gesund und
nicht verwundet, ist sie sehr beruhigt. Wie
Deine Gefangennahme erfolgt ist, kann ich
mir vorstellen, besonders darum, weil ich die
Berichte über die Afrikaschlacht mit beson-
derem Interesse verfolgt habe. Ich hoffe, daß
Du nunmehr auch bald in Dein Schicksal

gefunden hast, und wie Du ganz richtig
schreibst, man muß Geduld haben, es will
alles seine Zeit haben.

Mit dem Roten Kreuz habe ich mich sofort
in Verbindung gesetzt. Es wurde mir aber ge-
sagt, ich solle, bevor wir Pakete schicken, erst
Deine endgültige Anschrift abwarten. Wir
können selber soviel schicken, wie wir wollen.
Jedenfalls werde ich Dir schon morgen einige
Bücher auf den Weg schicken, auch auf die
Gefahr hin, daß sie Dich nicht erreichen.

Ich glaube gerne, daß Du dort viel Zeit
hast. Leider ist dies nun einmal so. Ich glaube
gerne, daß Du lieber arbeiten würdest wie
nichts tun, aber die Hauptsache ist ja zunächst
einmal die, daß Ihr, wie Du schreibst, dort
ritterlich, nach guter Soldatenart behandelt
werdet.

Mit Herrn Dr. Nathrath werde ich morgen
früh sprechen und Dir die Bücher, beziehungsweise Lehrbücher, welche er für Dich am
Geeignetsten hält, sofort beschaffen. Auch
hast Du ja nun Zeit zum Studium. Vor allem
würde ich Dir raten, jetzt, so gut wie es geht,
englischen Sprachunterricht zu treiben.
Du hast ja auf der Schule dieses Fach nicht
eingeschlagen. Hedwig und Heinrich lernen
ja gut Englisch. Sie können Dir schon in
dieser Sprache schreiben.

Im Geschäft ist nach wie vor Hochbetrieb.
Schade, daß Du Deine Langeweile hier nicht
vertreiben kannst. Du bist nun zum Ausruhen
und Ausharren verurteilt. Hoffentlich dauert
es nicht zu lange, daß Ihr alle bald wieder
in die Heimat zurückkehren könnt. Gesundheitlich geht es uns allen recht wohl. Besonders mir selbst.

Und nun halte Dich ebenfalls recht gesund
und mache Dir keinen Kummer. Du bist
nirgends in der Welt allein und wirst es auch

dort nicht sein, und sei recht herzlich von uns allen gegrüßt, besonders von Mutter. Ich schreibe in ihrem Namen, weil die Maschinenschrift für die Kriegsgefangenenpost wohl am Einfachsten ist.

Vater

11.2.1943

Chief P.O.W. Postal Centre, Middle East Camp 306

Meine Lieben!

Bin jetzt schon über drei Monate in Gefangenschaft. Wie doch alles kommen kann. Vorigen Sonntag hatten wir zum zweitenmal Gottesdienst. Der Pfarrer ist aus Trier zu Hause und schon über ein Jahr in Gefangenschaft. Er hat uns manches gute Wort gesagt. Hier bei uns kommt jetzt immer mehr Post an. Ich hoffe auch schon. Aber es ist wohl noch nicht an der Zeit. Ein Kamerad bekam ein Paket. Lauter gute Sachen aus der Heimat. Brot, Wurst, Kuchen, ach, was weiß ich alles. Aber lange brauche ich auch nicht mehr zu warten. Vor ein paar Tagen gab es durch das Rote Kreuz ein Stück Dauerbrot, Butter und eine Scheibe Wurst. Hat einen an ein Wurstbrot zu Hause erinnert.

In ein paar Tagen sollen wir auch Arbeitshundertschaften stellen. Die Sache ist freiwillig und die Arbeit auch nicht zu schwer. Der Lohn besteht aus einem sechstel Brot täglich und Kredit, wofür man sich in der Kantine Sachen bestellen kann. Ob man mich nun nehmen wird, weiß ich nicht. Ich bin ja kein Handwerker. Und die sollen angeblich bevorzugt werden. Hoffe das Beste. Ich bin froh um jede Beschäftigung, die ich habe. Und nun bitte viele Grüße an alle Verwandten und Bekannten. Euch auch allen alles Gute.

Euer Herbert.

Das Bild der Geburtswehen bedeutet uns, daß das Leben weitergeht. Diese Botschaft gibt sogar das ekelhafte Würmergewimmel im klösterlichen Kuhstall weiter: Es brauchen sich nur einige wenige dieser Larven zu verpuppen, daß der Bestand an Schlammfliegen auf Dauer erhalten bleibt.

Das Leben geht weiter!

Diese Urerfahrung wird erlebbar, wenn ich mich beispielsweise als Bauer auf eine größtmögliche Solidarität mit der Schöpfung einlasse. Dann nehme ich bewußt an einem Lebenskreislauf teil, der nie im Tod endet:

Leben – sterben – leben.

Leben – verenden – leben.

Leben – geschlachtet werden – leben.

Entstehen – vergehen – wieder neu werden.

Diese Überlebensphilosophie gibt Jesus im Johannesevangelium folgendermaßen wieder:

»Wenn das Weizenkorn

nicht in die Erde fällt und stirbt,

bleibt es allein;

wenn es aber stirbt,

bringt es reiche Frucht.«

Meine liebe Mutter!

Heute der zweite Brief in die Heimat aus diesem Lager. Es erinnert einen hier soviel an zu Hause. Die Berge, die Wälder. Das Wetter wie bei uns daheim im Herbst. Wir bekamen eine dritte Decke wegen der Kühle. Dicke, wollene Unterwäsche gab es schon in Ägypten vor der Seereise. Du darfst Dir keine Sorgen machen. Unsere deutschen Kleider, die zum Teil schlecht geworden sind, haben wir umtauschen können gegen britische Sachen. Viele haben so große Hüte bekommen, wie sie hier landesüblich sind. Sie laufen herum wie die Trapper.

Wegen des Obergefreiten-Gehalts schrieb ich schon an Vater, er möge es für mich beantragen, da ich nicht mehr die Gelegenheit hatte. Wir werden hier wohl nicht für immer bleiben. Wann und wohin es nun weitergeht, wissen wir nicht. Wir vermuten nach Canada. Deine beiden Pakete bekam ich noch vor der Abfahrt hierher. Wie ich mich gefreut habe. Und nun sei vielmals gegrüßt von Deinem Ältesten, auch viele Grüße an die anderen Lieben und an alle Freunde.

Dein Heribert.

Der folgende Brief wurde zensiert!

Meine Lieben!

Der erste Gruß von meinem endgültigen Standort. Vor ▉▉▉ Tagen kamen wir hier an. Anschrift: U.S.A., Camp Maxey, Texas. Der Ort liegt nicht weit von der mexikanischen Grenze in der Nähe des Golfs von Mexiko. Wir fuhren am ▉▉▉▉ 1943 in ▉▉▉▉▉▉ los mit einem ▉▉▉▉▉▉▉▉▉ . Die Fahrt ging über ▉▉▉▉▉ . Am ▉▉▉▉▉ wurden wir dort ausgeladen, untersucht und entlaust.

Das Überleben hat also einen Rhythmus. Diesem natürlichen Rhythmus sollten wir uns nicht verschließen, sondern vielmehr identisch einfügen. Deswegen mahnt uns die Bergpredigt, auf die »Vögel des Himmels zu sehen« und von den »Lilien des Feldes zu lernen«. In natürlicher Gelassenheit stellt das alttestamentliche Buch Kohelet fest:

»Alles hat seine Stunde:

Für jedes Geschehen unter dem Himmel

gibt es eine bestimmte Zeit:

Eine Zeit zum Gebären

und eine Zeit zum Sterben,

eine Zeit zum Pflanzen

und eine Zeit zum Abernten der Pflanzen,

eine Zeit zum Töten

und eine Zeit zum Heilen,

eine Zeit zum Niederreißen

und eine Zeit zum Bauen,

eine Zeit zum Weinen

und eine Zeit zum Lachen,

eine Zeit für die Klage

und eine Zeit für den Tanz ...«

Und das Besondere an der ganzen Sache –
wir gingen über in amerikanische Gefangenschaft. Ich glaube, wir haben einen guten
Tausch gemacht. Ich glaube nämlich nicht, daß
wir bei den Tommies so viele Vorteile bekommen würden. Mit der Bahn ging es dann
Tage quer durch die ██████████ Mountains
nach Texas. Hier werden wir wohl nicht mehr
fortkommen, bis Frieden ist. Wir wohnen
hier in Baracken und schlafen in Betten, nach-
dem wir so lange im Dreck gelegen haben.
Post werdet Ihr jetzt regelmäßig bekommen.
Gruß!
Euer Heri.

30.12.1943 Meine Lieben!
Der letzte Brief in diesem Jahr von mir. Es ist
noch alles in bester Ordnung. Das Weihnachts-
fest war den Umständen entsprechend. Doch
war es dieses Jahr erfreulicher als das letzte
Mal. Die Küche hatte für jeden von uns einen
Weihnachtsstollen gebacken. Nüsse gab es und
Äpfel und anderes Weihnachtsgebäck. Nach
der Feier waren wir auf der Baracke. Wir hatten
ein paar Kästen Bier gekauft. Morgen ist Syl-
vester. Schon das zweite in Gefangenschaft.
Wann wird das nur ein Ende haben? Wir haben
jetzt eine Arbeit für dauernd. Unter Dach, das
ist die Hauptsache. Es ist im U.S.-Armeehos-
pital. Bohnern, Fensterputzen, Bettenbauen,
daraus besteht sie. Wir fühlen uns ganz wohl
dabei.

Wenn ich nur wüßte, wie es Euch ist. Ich
weiß, Ihr denkt viel an mich. Und Mutter wird
Weihnachten ein wenig geweint haben. Ich
habe nicht gerade das beste Los gezogen. Aber
wir müssen es nehmen, wie es kommt. Und
nun alles Gute für das Neue Jahr und viele
Grüße. Euer Herbert.

Der Mensch unterscheidet sich vom Wurm dadurch, daß er nicht ausschließlich biologisch überleben muß, sondern genauso geistig und kulturell. Dieser intellektuelle Lebenskampf stellt für viele unserer Zeitgenossen eine aktuelle Herausforderung dar. Aber auch hier ist natürliche Gelassenheit angesagt, wenn es gut gehen soll. In seinen »Briefen an einen jungen Dichter« stellt bereits vor hundert Jahren Rainer Maria Rilke fest:

»Alles ist austragen

und dann gebären.

Jeden Eindruck und jeden Keim

eines Gefühls ganz in sich,

im Dunkel,

im Unsagbaren, Unbewußten,

dem eigenen Verstande

Unerreichbaren sich vollenden lassen

und mit tiefer Demut

und Geduld die Stunde der Niederkunft

einer neuen Klarheit abwarten:

Das allein heißt künstlerisch leben:

im Verstehen wie im Schaffen.«

Meine Lieben!

Meine Post aus Belgien werdet Ihr wohl bekommen haben. Ich war dort in einem Lager in der Höhe Brüssels. An sich wollte ich jetzt bei Euch sein. Doch nun bin ich in einem Lager in England und werde dort wohl noch ein Jahr abreißen. Aber auch das geht vorüber. Was soll ich klagen? Es geht mir ja nicht alleine so. Tausende sitzen hier und warten auf die Heimfahrt. Die Zukunft hat und wird sich ja nun anders gestalten, als ich gedacht hatte. Aber das Leben will gelebt sein. Ich will arbeiten, wenn ich mal heimkommen darf. Ich mache mir schon wieder Hoffnungen. Ein Zeichen, daß es mir gut geht.

Macht Euch wegen mir nicht zuviel Sorgen. Doch, wie geht es Euch? Ich denke ja nun, daß ich bald einmal Post bekommen werde von Euch. (Wenn noch einer von Euch lebt.) Schreibt mir bitte ausführlich. Von mir sollt Ihr auch mehr hören. Und viele Grüße und recht viel zu Essen. Und alles Gute.

Euer Herbert!

Es ist nun schon dreißig Jahre her, aber ich werde diesen Sonntagnachmittag wohl nie vergessen. Es war der 17. November 1974, Volkstrauertag, ein typisch melancholischer Herbsttag. Ich war zufällig zu Hause, denn ich bekam in der Melkerlehre nur jeden zweiten Sonntag frei. Wir saßen gemütlich bei unserer Oma zusammen und tranken Kaffee. Im Fernsehen lief irgendein Abenteuerfilm von Trappern im Norden Kanadas, die sich gegen eine Meute von Wölfen wehren mußten. Dies war wohl der Auslöser: Mein Vater sank plötzlich vom Stuhl und lag leblos auf dem Teppich. Ironie des Schicksals: Als Mitglied des Malteser-Hilfsdienstes unterrichtete ich andere Leute in Erster Hilfe und mußte nun erstmals selbst Mund-zu-Mund-Beatmung und Herzdruckmassage bei meinem eigenen Vater ausüben. Notarzt und Rettungswagen kamen rasch, aber es war nicht mehr viel zu machen. Kurze Zeit später starb er im Krankenhaus.

Meine Familie hätte an sich immer mit dem plötzlichen Sterben meines Vaters rechnen müssen. Er hatte schon lange »Angina pectoris« (Verengung der Herzkranzgefäße), die bislang mit gefäßerweiternden Arzneimitteln beruhigt wurde. Bypass-Operationen waren damals noch nicht machbar. Aber es ist typisch für uns Menschen, den Blick vor der wichtigsten Lebenstatsache zu verschließen: vor unserem Sterben. Es macht uns hilflos, weil es mit so viel Unbekanntem beladen ist.

Bad Godesberg,
den 1. August 1946
Plittersdorfer Straße 58

Mein lieber Junge!

Heute kam Dein Brief vom 16.7. aus England an. Also hat man Dich auch nochmals zur Arbeit abkommandiert. Wir hatten Dich hier erwartet. Unsere Enttäuschung ist sehr groß, aber Deine wird sicher nicht geringer gewesen sein, nach der Überquerung des Atlantik nochmals zurück nach England zu müssen. Aber Du mußt es ertragen. Vor allem tröste Dich damit, daß Du Deine graden Glieder behalten hast.

Nun will ich Dir zunächst von uns ausführlich berichten. Wir sind alle gesund. Mutter und mir geht es noch sehr gut. Heinrich ist auf dem »Päda« und will zunächst sein Abitur machen. Hedwig geht zum gleichen Zweck nach Bonn zur Schule. Franz-Josef ist auf dem Aloisiuskolleg, wo selbst die Jesuiten wieder Schule halten. Im Geschäft ist sehr, sehr viel Arbeit. Ich habe drei Mann Hilfe und könnte noch ein paar gebrauchen. Ich habe all die Jahre sehr viel gearbeitet, so daß Du, wenn Du willst, Deine Studien auch wieder aufnehmen kannst. Schöner wäre es ja für mich, Du übernimmst später mein Geschäft. Ich habe es auf das Modernste eingerichtet, und Arbeit wird es in unserem zertrümmerten Deutschland für unser Geschäft wie für alle Zweige der Baubranche die nächsten 50 bis 100 Jahre in Fülle geben. Da mir der Ausgang des Krieges, wie Du ja weißt, nicht zweifelhaft war, und alles so gekommen ist, wie es ja auch kommen mußte, hatte ich mich mit Material noch und noch eingedeckt, so daß ich noch ein bis zwei Jahre arbeiten kann, und bis dahin werden die größten Materialbeschaffungsschwierigkeiten auch überwunden sein. Es wird schon allenthalben viel getan.

Dadurch, daß wir unser Baugrundstück in Gartenland umgebaut haben, haben wir auch zu Essen. Auch hatten wir uns ein Schwein fett gemacht und geschlachtet. Dieses Jahr gibt es viele Bucheckern. Wir sammeln diese wieder wie in vergangenen Jahren und machen uns ein sehr feines Öl daraus. Du weißt ja, daß wir für nichts zu faul waren, und da gibt es viele Möglichkeiten, sich zu helfen. Die Leute in der Großstadt sind ja schlimmer dran.

Deine Schulkameraden sind fast alle tot. Soviel ich weiß, leben von Deinen Klassenkameraden außer Dir noch vier. Dein Freund Hengesbach ist tot. Auch Pieroth ist gefallen. Schorch Seydel ist seit einigen Wochen zurück. Er hat einen schweren Leidensweg hinter sich.

Unser schönes Godesberg ist vom Krieg ziemlich verschont geblieben. Unsere Wohnung hatte fast gar keine Schäden. In der Werkstätte habe ich wohl sieben Brandbomben gehabt, aber in den Steinen haben sie nur wenig Schaden gemacht.

Gestern war ich in Köln. Köln ist ja zu 95 Prozent zerstört. Wenn Du es wieder siehst, wirst Du das Grauen bekommen. Aber von unserer Kölner Verwandtschaft sind alle am Leben geblieben. Sonst haben sie aber auch alles verloren. Spund hat sein Geschäft notdürftig wieder eingerichtet. Von den alten Gebäuden ist kein Stein auf dem anderen geblieben. Muhrs Wohnung ist ebenfalls zerstört. Sie wohnen Ubierring 11. Alle haben Schweres mitgemacht. Ich glaube, für die in der Heimat war zuletzt der Krieg durch die schweren Bombenangriffe schlimmer als an der Front. Deine Cousine Elisabeth Becker aus Dinslaken ist auch tot geblieben. Deine Heimat Münstereifel ist auch zu 60 Prozent zerstört. Auch meine Heimat Meschede liegt

am Boden. Dies alles haben wir dem Wahnsinnsregime zu verdanken.

Ich schrieb Dir schon ausführlich an Deine letzte Adresse zum Lager bei Brüssel. Durch einen Rückkehrer hatte ich festgestellt, daß das Lager 2218 bei Brüssel ist. Auch war vor sechs Tagen Dein Kamerad Weber aus Godesberg hier, den Du auf dem Schiff kennengelernt hast, und erzählte uns ausführlich von Dir. Zudem waren Deine Kameraden Schumacher und noch zwei andere hier, die Dich in Amerika kennengelernt hatten. Ich habe im Ganzen vier Entlassungsgesuche gemacht. Meinem ersten Brief an Lager 2218 hatte ich Dir von der hiesigen Behörde bescheinigte Akten über Deine politische Bestrafung beigefügt. Ich dachte, Du hättest damit vielleicht selbst Deine Entlassung erreichen können. Ich werde morgen nun nochmals ein Gesuch an die britische Militärregierung stellen und nochmals Deine Verhaftung durch die Gestapo und Deine Verurteilung durch das Sondergericht angeben. Jedenfalls hoffe ich, daß es jetzt Erfolg haben wird. Anscheinend hast Du selber Deine Verfolgung durch die Gestapo bis jetzt verschwiegen, denn sonst, so nehme ich an, wärst Du bei denen, die man in die Heimat entlassen hat. Auch hoffe ich, daß Du vor dem Winter in der Heimat sein wirst, daß Dein Kommando nach England nur von kurzer Dauer sein wird; denn England entläßt ja dauernd Kriegsgefangene.

Bei uns im Hause verkehren viele englische Soldaten. Auch Offiziere. Es ist möglich, daß Du demnächst Besuch haben wirst. Die Engländer sind uns sehr gewogen. Ich habe mich ja auch während des Krieges nicht als einen Feind Englands betrachtet, sondern mit Sehnsucht den Tag ihrer Ankunft erwartet. Es ist nur bedauerlich, daß man heute die Kriegsgefangenen, so weit sie Nazigegner waren, nicht gegen Nazis eintauscht.

Wenn der Krieg ohne die restlose Vernichtung des Naziregimes zu Ende gegangen wäre, hätte ich meinen schönen Kopf auch nicht mehr. Aber davon später. Unsere Familie ist zusammen geblieben, und ich habe meinen Kopf und Heim und mein Geschäft behalten.

Wenn Du nun später weiter studieren willst, so hindert Dich Deine Bestrafung durch das Sondergericht und Gestapo nicht daran. Im Gegenteil, sie ist Dir von Vorteil. Auch bekommst Du im Zivilleben verschiedene Sondervergünstigungen. Und die Hauptsache ist, ich habe auch die Mittel dazu beschafft. Aber schöner wäre es wohl für Dich und mich, Du übernimmst das Geschäft. Ich habe es sehr ausgebaut. Ein Steinsägegatter ist auch in Auftrag gegeben, und wenn ich nächstes Jahr meine neue Werkstätte bauen kann, dann wird es fertig sein. Ich habe noch eine Reihe neuer Maschinen bereits im Betrieb. Du wirst Dich wundern, wenn Du wiederkommst und Dein Erstaunen wird ein angenehmes sein. So schlimm, wie Ihr Kriegsgefangenen es Euch ausmalt, wird es auch in Zukunft nicht sein; denn wenn einer arbeiten will und etwas kann, so verdient er schon auch in schlechten Zeiten sein Brot.

Ich dachte mir, nach einer kurzen, praktischen Arbeitszeit in meinem oder einem anderen Betrieb gehst Du ein paar Semester zur Technischen Hochschule oder eine Kunstgewerbeschule; dann hast Du eine brillante Existenz.

Also, lieber Junge, Kopf hoch. Tue Deine Pflicht auch als Kriegsgefangener. Denke daran, daß es Deutschland war, welches

Sudb

Bad Godesberg ■
Brüssel ■

■ Camp Maxey

Stationen einer
viereinhalb-jährigen
Odyssee um die
halbe Welt. Die Zeit
des deutschen Ober-
gefreiten Heribert
Rickert vom August
1942 bis zum Februar
1947.

■ El Alamein
■ Transit Camp 306
■ Transit Camp 310

Transit Camp Zululand

halb Europa zerstört hat. Wenn wir, Deine Mutter und ich, Euch von allem Nazikram ferngehalten haben, und dadurch auch keine unmittelbare Schuld an dem grauenvollen Geschehen tragen, so müssen wir heute doch helfen, gut zu machen, was überhaupt gut zu machen ist; und Ihr Kinder habt Eure zerstörte Jugend einem Regime zu verdanken, welches für ewige Zeiten Deutschland und sein Volk in Schande gestürzt hat. Ihr Kriegsgefangenen aber seid die ärmsten Opfer dieses Größenwahnsinnigen. Es ist nur traurig, daß an Eurer Stelle nicht die richtigen sitzen. Diese könnten ihr Leben dem Aufbau der zerstörten Länder opfern. Ich hätte kein Mitleid mit ihnen.

Lieber Herbert! Ich hoffe gerne, daß Du Deinen Idealen treu geblieben bist. Wenn Du wiederkommst, wirst Du dies nach Lust pflegen können. All die alten, schönen Vereinigungen leben wieder auf und keine Gestapo stört sie mehr. An Euch Jungen liegt es jetzt, Euch ein schöneres Vaterland aufzubauen, auf daß wir nie wieder Krieg haben werden im schönen Europa.

Du hast ja nun viel von der Welt gesehen. Früher hast Du ja fürs Reisen geschwärmt. Jetzt hast Du Afrika und Amerika gesehen, wenn auch als Gefangener und nicht frei im Lande herumreisend. Du wirst Deine Kenntnisse über Länder und Völker erweitert haben und zu der Erkenntnis gekommen sein, daß man sein Vaterland lieben und das des anderen achten soll. Komme bald. Für Deinen Empfang habe ich einige gute Flaschen bereit. Du hast ja viele Deiner Jugendfreuden nachzuholen. Wenn es auch noch kein Bier wieder gibt und eine Flasche Wein sehr schwer zu haben ist, so freuen wir uns doch unseres Lebens nach wie vor, und ich hoffe, daß wir das Allerschlimmste nun hinter uns haben. Die Ernteaussichten sind gut. Die Eisenbahnen laufen wieder. Es fahren schon wieder viele Schiffe auf dem Rhein. Die sieben Berge sind noch genauso schön wie einst, und Du bist noch jung und gesund. Also Kopf hoch. Behalte gesunde Nerven. Die Zeit der Gefangenschaft ist meines Erachtens bald zu Ende. Es wird sicher kein Jahr mehr dauern, bis Du hier bist. Wir erwarten Dich alle mit Sehnsucht, und ich werde nichts unversucht lassen, um Dich bald nach Hause zu bekommen.

Franz-Josef ist an Körperlänge nun bald so wie Du. Hedwig ist ein nettes Mädchen geworden. Sie wird Dir bald ein Bild schicken. Augenblicklich ist sie in Meckenheim auf einem Gutshof, woselbst sie von der Schule aus für zwei Wochen hin mußte. Heinrich, um den wir große Sorgen hatten, und lange nicht wußten, wo er und ob er noch war, kehrte vor einem Jahr zurück. Er war zuletzt in Holland gewesen, wo selbst er in Gefangenschaft kam. Auch er kam mit heilen Gliedern wieder nach Hause. Auch Hedwig mußte zuletzt noch in den Kriegseinsatz. Sie kam zwei Tage vor den einrückenden Amerikanern zurück. Wenn Du nun noch kommst, sind wir alle wieder zusammen.

Schreibe uns bald, wo Du dran bist. Ich nehme an, daß Du in der Landwirtschaft eingesetzt wirst. Hoffentlich hast Du es nicht allzu schwer. Du bist ja nicht alleine dort. Deine Kameraden werden das gleiche Heimweh haben wie Du; aber doch nur einige werden schon so lange in Gefangenschaft sein wie Du.

Gestern hatte ich einen schweren Tag. Das Geschäft ist jetzt auf der Höhe. Gestern bekam ich für über 12.000 Reichsmark

Bestellungen. Für die nächsten Jahre wird die Arbeit nicht abreißen. Es gibt ja viel wieder aufzubauen. Wenn ich mich heute um Arbeit bemühen würde wie sonst, wären Millionenaufträge da. Es werden angefragt Tischplatten mit 10.000 Stück. Grabsteine sind nur zum Teil lieferbar, die angefragt werden. Ich bräuchte einen tüchtigen Bildhauer. Wenn Du unter Deinen Kameraden einen kennst, der nicht in seine Heimat zurück kann, so bring ihn mit nach hier.

Zu Deiner Erbauung füge ich Dir ein Exkrement meines Pegasus mit. Er kriegt mitunter noch so Anwandlungen. Sonst bin ich nolens volens sehr solide geworden. Es fehlt sogar meistens Tabak zu einem Rauchopfer; meine Pfeife liegt dann traurig in einem Winkel und wartet auf neue Kalorien. Nun ja, am Anfang des Nationalsozialismus stand das Opfer und am Ende ...

Es hätte nicht gerade so sein müssen. Aber um so furchtbarer ist ja auch das Erwachen aus dem Traum des tausendjährigen Reiches gewesen. Wenn ich Dir später mal alles erzählen werde, wie es am Ende zuging, wie keiner von den jämmerlichen, feigen Bonzen ein Nazi gewesen sein wollte, so glaubst Du es ja doch nicht. So etwas von Feigheit und Jämmerlichkeit, die die Helden des tausendjährigen Reiches zur Schau trugen, als ihr Wahnsinn der Wahrheit und Wirklichkeit weichen mußte, ist wohl auf dieser Welt und in der Geschichte einmalig.

Nun habe ich Dir vorerst alles geschrieben. Vieles ist das selbe, was in meinem Brief zum Lager 2218 geschrieben wurde. Vielleicht hat man Dir den nachgeschickt. Dann hast Du zweimal das selbe lesen müssen,

Der Theologe Karl Rahner beschreibt dies so:

»Jeder Mensch stirbt so,

daß ihm alles genommen wird,

und der Christ hat die Überzeugung

im Leben und im Sterben,

daß diese Leere,

die durch dieses Genommen-Werden entsteht,

eben haargenau

durch das ausgefüllt wird,

was wir Gott nennen.

Und wir haben im Grunde genommen

Gott überhaupt nur verstanden –

als den Unbegreiflichen natürlich –

wenn wir sagen:

Er ist der,

der in dieser letzten existentiellen Leere,

die durch unseren Tod geschaffen wird,

als die Erfüllung hineingehört;

als die Erfüllung, die endgültig ist;

als die Erfüllung, die unbegreiflich ist;

als die Erfüllung, die als unbegreifliche –

so, wie wir hoffen – die selige ist.«

Auf baldiges Wiedersehen! Bleibe gesund und guten Mutes und hoffe mit uns, daß Deine Gefangenschaft nicht mehr lange dauern wird.
Dein Vater.

Lieber Herbert!
Vater schrieb Dir nun alles.
Liebe Grüße Mutter.

Diese theologische Aussage ist nur bedingt geeignet, um Trauernde in einer akuten Situation zu trösten, etwa im Rahmen der Notfallseelsorge. Ich mache nämlich die Erfahrung, daß Menschen, die durch den plötzlichen Tod eines Angehörigen unter Schock stehen, von Gott gar nichts mehr wissen wollen. Die Szene wird mir unvergeßlich sein: Am Abend des besagten Sterbetages meines Vaters wurde meine Großmutter Zeugin des Todes ihres Sohnes Heribert. Sie brach förmlich zusammen und schrie: »Der Herrgott ist ein Schuft!« Obwohl sie sehr fromm war, haderte sie mit Gott, dessen Handlungsweise sie plötzlich nicht mehr verstand. Während der Kriegszeit und auch danach hatte sie für ihren ältesten Sohn gebetet um eine gute Heimkehr und Gesundheit und mußte nun erleben, wie derselbe mit 53 Jahren vor ihren Augen einem Sekundentod erlag.

In solchen Situationen nehme ich als Seelsorger keine theologischen Phrasen in den Mund: Ich bin zunächst einfach nur da, reiche still meine Hand, weine vielleicht mit und öffne das Ohr meines Herzens für die wenigen gestammelten Worte, die die Betroffenen mir zwischen den einzelnen Weinkrämpfen sagen möchten.

Über einem solchen »Tränenmeer« schwebt wie eine dunkle Wolke die Frage nach dem Warum. Warum mußte gerade meine Familie dieses Unglück erleben?

Einiges!

Am 10. Oktober 1946, vor annähernd sechs Jahren also, wurde ich Soldat. Voraus gegangen waren einige bewegte Monate: Untersuchungshaft, Urteil, Gefängnis. Zwischendurch Schule, für deren Besuch ich recht wenig Interesse mehr hatte, vor allem daß mein Verbleib dort sehr fraglich geworden war. Meine Einstellung zu fast allen Problemen war sehr konservativ; d.h. skeptisch, religiös und vaterländisch (wohl nur eine spezielle Sorte von Religiosität). Wenn ich dem allen meine heutige Einstellung gegenüber stelle, so ist von der alten wohl wenig übrig geblieben. Das passive Christentum der damaligen Zeit ist einem aktiven Naturalismus gewichen.

Geblieben sind lediglich einige Angstgefühle, die ab und an auftauchen und wahrscheinlich einer allzu religösen Erziehung entspringen. Man hat uns als Kindern die Hölle zu oft geschildert, als daß wir diese Vorstellungen so schnell vergessen könnten. Bin überhaupt der Überzeugung, daß ich ein noch unfertiger Mensch bin (abgesehen davon, daß wir uns dauernd wandeln) und zumindest aus zwei Naturen bestehe, die ich im nächsten zu formulieren versuchen werde.

Alles das, was ich in dieses Heft schreiben werde, wird vielleicht als sehr wirres Zeug erscheinen. Doch soll es ja nur ein geistiger Druckausgleich sein und für meine Nerven eine Brücke über diese Niemandszeit bilden. Es wird mich endlich auch dazu anhalten, die Wahrheit zu schreiben und mir zugunsten einer netten Schreibart (für die ich mich direkt begeistern kann) nicht irgendetwas vorzumachen.

Das fürs Erste.

Warum mußte ausgerechnet mein Vater so früh
sterben? Warum läßt Gott in seiner Allmacht damals wie heute so etwas zu?

Auf diese Frage gibt es keine Antwort, weder
von Gott selbst, noch von mir als Priester und
Theologe.

Der Beter von Psalm 44 vermißt ebenfalls das
göttliche Interesse am menschlichen Schicksal und
fordert:

»Wach auf!

Warum schläfst du, Herr?

Erwache, verstoß nicht für immer!

Warum verbirgst du dein Gesicht,

vergißt unsere Not

und Bedrängnis?«

Er ist von Gott enttäuscht.

Von Gott enttäuscht worden wäre beinahe auch
eine Frau und besorgte Mutter im Matthäus-
evangelium: »*Von dort zog sich Jesus in das Gebiet
von Tyrus und Sidon zurück. Da kam eine kana-
anäische Frau aus jener Gegend zu ihm und rief: Hab
Erbarmen mit mir, Herr, du Sohn Davids! Meine
Tochter wird von einem Dämon gequält. Jesus aber
gab ihr keine Antwort. Da traten seine Jünger zu
ihm und baten: Befrei sie (von ihrer Sorge), denn sie*

Tagebuchnotizen

So ein Tag verläuft ohne große Ereignisse. Man ißt sehr viel aus Angst vor kommenden Hungerszeiten und wird auf diesem Wege immer fetter. Im übrigen sinniere ich über die Heimreise und mache mir Hoffnungen. Quatsche in enttäuschten Augenblicken haltloses Zeug, worüber ich mich im selben Augenblick immer maßlos ärgere. Ist wohl so: In sehr profanen Augenblicken versucht man, anderen und sich etwas vorzumachen, während in mehr oder weniger maßgeblichen Augenblicken mich die Vernunft und Berechnung verläßt und ich ein Opfer meiner Nerven werde.

Es sind wohl noch solche ekelhaften Rückstände dieses Umwandlungsprozesses zwischen zehn und zwanzig. Bin eben in vielen Dingen trotz der 25 noch ein Junge. Wohl einesteils durch die Jugendbewegung und anderenteils, weil das Erlebnis mir noch mangelt, das zum Mann macht.

Es ist schlecht zu denken. Keine ruhige Stelle in diesem verfluchten Lager. Dieser Massenbetrieb ist ein Fluch. Man behauptete, die Gemeinschaft hebt. Ich spüre den Beweis an mir, daß die platt macht. Es werden einem alle Illusionen über die Mitmenschen und über die Landsleute im besonderen genommen. Feine Menschen sind so selten, daß ich erschüttert bin über den Dreck, der im allgemeinen herrscht.

Ich habe mich etwas für Goethe interessiert und bin nun nicht mehr erstaunt über das wenige Verständnis bei meinem Volk für seinen größten Dichter. Aber es ist wohl auch sehr schwer, die Höhe und Weite dieses Gipfels zu begreifen. Ich bin glücklich, mich gezwungen zu haben, manches gelesen zu haben, und einiges zu verstehen. Ich liebe dieses Leben heute und die Schriften, die ihm entsprungen sind.

*schreit hinter uns her. Er antwortete: Ich bin nur
zu den verlorenen Schafen des Hauses Israels gesandt.
Doch die Frau kam, fiel vor ihm nieder und sagte:
Herr, hilf mir! Er erwiderte: Es ist nicht recht, das Brot
den Kindern wegzunehmen und den Hunden vor-
zuwerfen. Da entgegnete sie: Ja, du hast recht, Herr!
Aber selbst die Hunde bekommen von den Brot-
resten, die vom Tisch ihrer Herren fallen. Darauf antwortete ihr Jesus: Frau, dein Glaube ist groß. Was
du willst, soll geschehen. Und von dieser Stunde an
war ihre Tochter geheilt.«*

Bislang kennen wir Jesus nur als Friedensstifter
und Kinderfreund. In der Bergpredigt behauptet
er noch: »*Bittet, und dann wird euch gegeben.*« Aber
jetzt gibt er dieser Frau, die ein berechtigtes Anliegen hat, einfach keine Antwort. Sogar den Jüngern
ist es peinlich, daß dieser Mutter und ihrer kranken
Tochter nicht geholfen wird. Doch sie werden mit
einer dogmatisch-harten Antwort zurechtgewie-
sen. Zum zweiten Mal bittet die Frau. Doch verge-
bens. Im Gegenteil, sie wird von Jesus erniedrigt: Er
läßt sie »auf den Hund kommen«. Gottlob ist diese Kanaanäerin nicht auf den Mund gefallen und
kontert rhetorisch geschickt. Da erst läßt Jesus sich
erweichen und sieht ein, daß der Glaube der Frau
groß ist. Ihre Tochter wird endlich geheilt.

Es bleibt unverständlich, warum diese Frau so
hartnäckig um die Erfüllung ihrer Bitten kämpfen
muß. Gottes Barmherzigkeit scheint anders beschaffen zu sein, als wir es uns vorstellen. Und die

Monatsleistung ist 60 Kanonen für unsere Sektion. Es ist eine erreichbare Leistung. Diese acht Schillinge Prämie sind zu verdienen. Aber ich hoffe ja, so diesen Zustand recht bald überwunden zu haben. Besitze nun zwei Büchsen Kaffee für Mutter, gedacht für Weihnachten. Es sind noch neun Wochen. Also durchaus im Bereich der Möglichkeit, daß ich daheim bin.

Wirkungen unserer Gebete unterscheiden sich
ebenfalls von unseren Anliegen und Wünschen.
Gott bleibt oft genug stumm.

Ich denke wieder zurück an die Zeit des Zweiten
Weltkrieges. Wieviele Mütter mögen wie meine
Großmutter darum gebetet haben, daß ihr Sohn heil
von der Front nach Hause kommt, und bekamen
als Antwort lediglich eine Vermißtenanzeige. Wird
Beten dadurch zu einem sinnlosen Tun?

Spiritual Bender vergleicht das Gebet mit der
Liebe zwischen zwei Menschen:

»Echte Liebe ist absichtslos,

wahres Beten ist absichtslos.

Liebe wird fruchtbar in einem Dritten,

im Kind.

Und die einzige Frucht des Betens

ist die Nähe Gottes.

Die ganzen vielen Bitten

illustrieren letztlich nur

die eine Einsicht:

Ich glaube an dich.«

Diese Erfahrung macht auch die Mutter des
kranken Mädchens im Evangelium: Gott ist anders.
Er bleibt uns Menschen oft genug ein Rätsel.

10. 11.1946 Große Unruhe und Debatten über die Überprüfung. Es hängt allerhand davon ab. Jeder hegt die vorteilhaftesten Gedanken – ich natürlich auch –, wenn er es auch nicht zugibt. Ich bin sehr gespannt und enttäuscht, weil ich mir so viele Hoffnungen gemacht habe, aber trotzdem keine Klarheit bekommen werde. Ein Glück, daß ich Vaters Gnadengesuch von 1942 nicht fortgeworfen habe. Ich rechne, daß es mir morgen zum Vorteil sein wird. Die Gedanken werden heute Abend im Bett wandern und sich mit den schönsten Kombinationen abgeben.

Wenn man doch tatsächlich sein Geschick formen könnte. Aber man ist ja von so vielen Umständen abhänig. Eben nur einer von anderthalb Milliarden. Und über uns das starre Geschick, gleich einer Sphinx mit kaltem Grinsen. Machte am Nachmittag mit einigen Kameraden einen langen Spaziergang. Der erste in England ohne Aufsicht. Aber die Bäume sind schon kahl, die Gegend wie tot. Verabschiedete mich von W. Sch. Wünschte ihm alles Gute. Er war ein vernünftiger Kerl. Werde ihn wohl noch einmal wiedersehen in Köln.

In der Nähe von Meschede bewirtschaftet Josef mit seiner Familie einen Milchviehbetrieb. Inzwischen ist er stolzer Vater von sechs Kindern. Als er selbst noch ein kleiner Junge war, erlebte er, wie eines Tages der Pfarrer auf dem elterlichem Hof zu einem Hausbesuch erschien. Josef machte ihm die Eingangstür auf und begrüßte kindlich-schüchtern die kirchliche Respektsperson. Der Herr Pastor begann das Gespräch und sagte: »Na, Josef, Du willst doch bestimmt später auch einmal Bauer werden?« »Nein, Herr Pastor! Ich möchte gerne Mutter werden.«

Diese nette Anekdote aus dem Sauerland zeigt, wie sehr unser Leben von Mütterlichkeit geprägt ist: Ohne eine intakte Mutter-Kind-Beziehung, ohne die Erfahrung mütterlicher Liebe, verkümmert jeder junge Mensch seelisch und körperlich.

Mütterlichkeit bedeutet Geborgenheit. Hier lernt das Kind, vertrauen zu können, und entwickelt so seine eigene Liebesfähigkeit. Bis ins hohe Alter haben Mütter die Eigenart, sich Sorgen zu machen und für ihre bereits erwachsenen Söhne und Töchter sorgen zu müssen.

Mütterlichkeit steht für lebensspendende Fruchtbarkeit. Eine natürliche Gemeinsamkeit haben alle Menschen auf dieser Erde: Sie waren neun Monate im Mutterleib, sonst lebten sie erst gar nicht. Wer aufmerksam die Briefe und Tagebuchnotizen meines Vaters gelesen hat, wird gemerkt haben, daß mit seinem Heimweh auch immer das Bedürf-

12.11.1946

Gestern Fastnacht Anfang. Diesmal mit Einstufung. Es ist geradezu lächerlich, wenn man bedenkt, daß von der Einstellung eines Mannes die Zukunft von Tausenden abhängt. Das Verhör verlief wie folgt:

– *Guten Abend. Wo kamen Sie in Gefangenschaft?*

– El Alamein.

– *Wie lange waren Sie Soldat vorher?*

– Zwei Jahre. Doch damit Sie sich gleich ein klares Bild machen können: Hier ist eine Unterlage u.s.w.

– *Weswegen wurden Sie da bestraft?*

– Vielleicht ist Ihnen einiges über die deutsche Jugendbewegung bekannt. Ich war ein Angehöriger derselben. 1933 nach der Machtübernahme wurden die Bünde verboten. Wir machten weiter und wurden 1940 dafür eingesperrt.

– *Wie stellen Sie sich die Zukunft Deutschlands vor?*

– Eine Regierungsform, bei welcher wir unser Geschick selbst bestimmen können. Nicht wie früher, da irgendeiner von Gott-weiß-woher Recht über uns hatte und uns zwingen konnte, Sachen zu treiben, wozu wir keine Einstellung hatten. Als zweites müssen wir wieder versuchen, die Achtung der Welt zu erlangen, und kulturelle Brücken zu bauen zu anderen Völkern. Ich weiß, daß dies schwer sein wird; aber es wird gehen, wenn wir den Willen dazu haben.

– *Hm. War Ihr Vater in der Partei?*

– Nein. Ganz im Gegenteil. Er war im K.Z. von 1935 bis 1936.

– *Weswegen?*

– Wirtshausredereien. Irgendeiner hat ihn angegeben.

– *Welcher politischen Partei gehörte er vor 1933 an?*

nis nach mütterlicher Nähe verknüpft war. Der
Gott unseres christlichen Glaubens besitzt zutiefst
mütterliche Eigenschaften. Der Beter von Psalm 27
hat dies erfahren:

»Wenn mich auch Vater
und Mutter verlassen,
der Herr nimmt mich auf.«

Mit dem Moment, wo ein Mensch seine leiblichen
Eltern verliert, tritt Gott an ihre Stelle. Gott ersetzt
Vater und Mutter!

– Ich weiß dies nicht genau. Soviel ich weiß, keiner. Er hat mir einmal gesagt, er sei liberal. Wohl war meine Mutter Vorsitzende eines solchen kirchlichen Frauenverbandes und sie hat uns dadurch sehr viele Schwierigkeiten eingebracht.

– *Gut. Sie können gehen. Schicken Sie bitte den Nächsten!*

13.11.1946 Was herauskam, weiß ich noch nicht. Werde es aber erfahren. Bin unheimlich gespannt. Mein ganzes Schicksal hängt davon ab. Erfuhr es heute Abend. Bin A. Weiß. Meine Freude. Nun werde ich bald fahren. Mutter. Die Erlösung.

14.11.1946 Bin sehr ungeduldig. Warte auf den Aufruf, nach Hause zu kommen. Bin normalerweise der erste in diesem Lager, der heimkommen müßte. Post bleibt aus. Wir können nun vier Briefe und ebensoviele Karten im Monat schreiben. Doch hoffe ich, daß mich das nicht mehr lange betreffen wird. In letzter Zeit versuchten einige Kameraden, mich zu provozieren. Nun sind sie alle ruhig geworden. Sehen mich groß an. »Bismarck« wird noch zu Ende gelesen und dann nichts Neues mehr angefangen. Nur noch Pläne gemacht. Zukunftspläne.

Im ersten Kapitel dieses Buches wurde bereits der Römerbrief zitiert, demnach wir zur »Freiheit der Kinder Gottes« berufen sind. Ähnlich seiner Vaterschaft strahlt Gott eine Mütterlichkeit aus, die nicht bevormundet, die nicht einengt, sondern die freigibt und ins Leben entläßt. Das Schicksal eines »Muttersöhnchens« möchte er uns ersparen.

Dieses entscheidende Merkmal unseres geistiggeistlichen Kindseins gibt der Galaterbrief folgendermaßen wieder:

»Das himmlische Jerusalem

aber ist frei,

und dieses Jerusalem ist unsere Mutter;

denn es steht in der Schrift:

Freu dich, du Unfruchtbare, die nie gebar,

du, die nie in Wehen lag,

brich in Jubel aus und jauchze!

Denn die Einsame hat jetzt

viel mehr Söhne als die Vermählte,

spricht der Herr.«

Diese mütterliche Dynamik des Gottes Jesu Christi macht sich traditionellerweise in der Verehrung der jungfräulichen Gottesmutter Maria fest. Das Sich-hingezogen-fühlen zur Mutter ist – so glaube

25.1.1947 Heute Geburtstag. Ich hatte das schönste Geschenk seit einigen Tagen in meinen Händen. Das Transitcamp 4 liegt bei Leicester. Am 20.1. nachmittags kamen wir hier an, luden unser Gepäck auf einen Lastwagen, und liefen die sechs Meilen vom Bahnhof zum Lager hinaus. Meine Füße schmerzten durch die neuen Schuhe. Auch fühlte ich mich sonst nicht wohl. Eine Folge vom Fäßchen Bier am Abend zuvor. Mit Karl habe ich mich in der letzten Nacht noch verstanden. Es war schwer, mich von ihm zu trennen. Es ist eine Tragik, daß man sich immer trennen muß, wenn man sich im Letzten versteht. Vielleicht ist auch das eine durch das andere bedingt. Aber ich werde ihn noch einmal wiedersehen. Doch wer weiß – es ist dann alles anders –. Wenn ich daheim bin, werde ich nach Misburg fahren, und wenn seine Schwester dieselben Qualitäten besitzt wie er...

Wir kamen dann im Lager an, wurden namentlich erfaßt und ärztlich untersucht. Am dritten Tag war ein Vortrag eines Briten: Aufklärung über den Weg unserer Entlassung. Da wir politisch positiv eingestuft sind, wird hier jeder Papierkrieg erledigt. Auch »Entnazifizierung«. Wir genießen viele Vorteile. Der Transport IIc geht am 5.2. Karl, ich werde Dir den Weg offen halten. Ich schwöre es bei der Liebe, dem höchsten und edelsten, das ich besitze.

ich – eine urmenschliche Bewegung. Und so ist es nicht verwunderlich, wenn wir Mönche von Königsmünster den Gang zu unserer »Friedenskönigin« in der Marienkapelle unserer Abteikirche am Ende des Tages unternehmen, um uns von ihr mit dem »Salve Regina« zu verabschieden. Wir begeben uns quasi in die Höhle ihres Schoßes, um dort Ruhe zu finden. Dies beschreibt schon Psalm 131:

»Ich ließ meine Seele ruhig werden
und still;
wie ein kleines Kind bei der Mutter
ist meine Seele still in mir.«

Die lebensspendende Kraft des mütterlichen Gottes beschränkt sich nicht auf unser irdisches Leben, sondern geht weiter, und führt uns in eine Lebensdimension außerhalb von Raum und Zeit, die wir Ewigkeit nennen. Doch dieser Glaube an die Auferstehung von den Toten wird oft überschattet von einer religiösen Skepsis und zugleich sinnsuchenden Ratlosigkeit, die für viele Menschen unserer Zeit charakteristisch ist. In der Vergangenheit ist dieses Geheimnis eines Lebens nach dem Tod zu sehr intellektuell theologisiert worden. Die hier zitierten Bildworte aus dem Alten und Neuen Testament belegen, daß der Glaube an Auferstehung auch auf sinnlicher Wahrnehmung beruht.

30.1.1947 »Wer immer strebend sich bemüht,
den können wir erlösen.«

Noch einige Tage. Die Heimat. Ich denke viel.
Zu hoch, um es aussagen zu können. Wenn
ich Karl hier hätte. Was ist Liebe? Inge, seine
Schwester. Pläne.

1.2.1947 Heute ging der erste von unserer Baracke.
Wenn wir, der Rest, gehen, wird er schon zu
Hause sein. Ich bin voller Erwartungen. Nur
noch wenige Tage. Hoffe, nächsten Sonn-
abend dort zu sein.

Wenn man das Geschehen von Ostern wieder mehr vor dem Hintergrund betrachtet, daß sich vor unseren Augen unablässig natürliches Werden und Vergehen ereignet, dann wird es für die Herzen der Menschen wieder einleuchtend, daß mit dem letzten Atemzug nicht alles zu Ende ist.

Was eine menschliche Mutter nicht vermag, gelingt Gott, wie es eine Vision des Propheten Jesaja beschreibt:

»Wir waren schwanger und lagen in Wehen,

doch als wir gebaren, war es ein Wind.

Wir brachten dem Land keine Rettung,

kein Erdenbewohner wurde geboren.

Deine Toten werden leben,

die Leichen stehen wieder auf;

wer in der Erde liegt,

wird erwachen und jubeln.

Denn der Tau, den du sendest,

ist ein Tau des Lichts;

die Erde gibt die Toten heraus.«

Heribert Rickert als Obergefreiter

Ähnlich drückt sich der Prophet Hosea aus:

»Er hat verwundet, er wird auch verbinden.

Nach zwei Tagen gibt er uns das Leben zurück;

am dritten Tag richtet er uns wieder auf,

und wir leben vor seinem Angesicht.

Laßt uns streben nach der Erkenntnis des Herrn ...

er kommt zu uns wie der Regen,

wie der Frühjahrsregen, der die Erde tränkt.«

Diese Erlösung von menschlichen Todesängsten beschreibt unser Glaubensbekenntnis in formelhafter Kürze: »*Hinabgestiegen in das Reich des Todes, am dritten Tage auferstanden von den Toten.*«
So wurde die Grabhöhle, in die man den Leichnam Jesu nach seiner Kreuzigung legte, zum Ausgangspunkt für neues, ewiges Leben; oder bildlich gesprochen, zum mütterlichen Schoß des lebensspendenden Gottes, zum göttlichen Uterus.

Wenn nun beim Begräbnis einer meiner Klosterbrüder ein festliches Ostergeläut angestimmt wird, erlebe ich den Klang unserer Glocken dermaßen symbolisch-intensiv – und eben nicht ideologisch aufgesetzt –, daß ich erneut auf mein Christsein mit seinen aufkeimenden Lebenschancen gestoßen werde. In den Auferstehungsglocken ruft Christus einen jeden von uns aus der Bedrückung durch Angst und Leid in sein Reich der ewigen Freude.

Pater Reinald Rickert OSB

Vita

Pater Reinald Rickert OSB wurde am 2. Februar
1955 in Bonn als Sohn einer Lehrerin und eines
Steinmetzmeisters geboren. Kindheit und Jugend
verbrachte er in Bad Godesberg.

Nach dem Abitur absolvierte er eine landwirt-
schaftliche Lehre im Eifelkloster Maria Laach.
In Bonn und Münster studierte er von 1976 bis 1981
Theologie mit dem Diplomabschluß. Seit 1981 ist
Pater Reinald Mönch der Abtei Königsmünster in
Meschede. 1984 wurde er von Erzbischof Johannes
Joachim Degenhardt in der Benediktinerabtei
zum Priester geweiht. 1985 bestand er die Prüfung
als Tierwirtschafts-Meister, Spezialgebiet Rinder-
haltung.

Pater Reinald ist zuständig für den land- und
forstwirtschaftlichen Betrieb des Klosters. Die
Direktvermarktung von Piemonteser Rindfleisch,
Puten, Hausmacherwurst und Rohmilchfrischkäse
ergänzte er 1999 mit dem Verkauf von Hühner-
eiern aus Bodenhaltung.

Unter anderem veröffentlichte er 1993 unter
dem Titel »Sauerland – Begegnungen zwischen Himmel und Erde« sein drittes und 1995 mit »Lebens
Werk Statt« sein viertes Buch. 1998 erschien die
fünfte Veröffentlichung »Menschwerdung« und
2000 sein sechstes Buch »Humor« im Eigenverlag.
In Zusammenarbeit mit Erich W. Steuber entstand
2002 das Buch »Kostbarkeiten«.

Sauerland
Begegnungen zwischen
Himmel und Erde
48 Seiten

Lebens Werk Statt
48 Seiten

Menschwerdung
48 Seiten

Humor
56 Seiten

Kostbarkeiten
76 Seiten

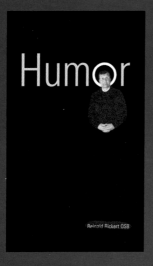